노자 혹은 용의 길

道

"노자"

LAO-TZU

KB056213

이 시리즈는 실로 꿰매어 제본하는 정통 사철 방식으로 만들어졌습니다.
사철 방식으로 만든 책은 180°로 펼쳐 볼 수 있으며 오랫동안 보관해도 손상되지 않습니다.

노자 혹은 용의 길

道

"노자"

미리암 헹케 씀 ｜ 제롬 메이에르-비슈 그림 ｜ 박아르마 옮김 ｜ 김경수 해제

LAO-TZU

함께읽는책

Lao-Tseu ou la voie du dragon
by Miriam Henke & Jérôme Meyer-Bisch
Copyright © Les petits Platons, 2010, All rights reserved.
Translation copyright © 2014 by Cobook
This book is published by arrangement with Milkwood Agency, Séoul

이 책의 판권은 밀크우드 에이전시를 통해 저작권사와 독점 계약한 함께읽는책에 있습니다.
저작권법에 의해 한국 내에서 보호를 받는 저작물이므로 무단 전재와 무단 복제를 금합니다.

마지막 꽃잎이 사라지자 노자는 눈물을 흘렸고 눈물은 그의 콧수염 속으로 사라졌다. 하지만 곧바로 이전에 있던 연꽃보다 더욱더 빛나고 더욱더 섬세한 새로운 연꽃이 호수 한가운데 나타났다.

"친구여, 우리가 있는 신비로운 이 장소가 어딘지 내게 말해 다오." 노자가 원숭이에게 물었다.

"내가 너에게 말하지 않았던가? 우리는 여기, 네 자신의 마음속에 들어와 있어. 꽃들은, 태어났다가 죽는 네 삶의 순간순간이야. 너 같은 사람들은 시간을 헤아릴 많은 방법들을 찾아냈지. 하지만 삶 자체는 연꽃으로 헤아리지 못한다는 걸 알아야 해."

목차

중국 주周 왕조[1] 시대의 이야기이다. 어느 화창하고 무더운 밤에 혜성 하나가 머나먼 행성에서 떨어져 나와 별 무리로 넘쳐 나는 은하를 길게 끌며 땅을 스치듯 지나갔다. 때마침 초가집 앞에 나와 앉아 하늘을 보던 젊은 여인이 그 광경에 몹시 놀라 먹고 있던 자두의 씨를 꿀꺽 삼켜 버렸다. 생명이 생명을 잉태한 변화가 일어났다. 다음 해 그 처자는 노인의 얼굴을 한 아이를 낳았다. 그 아이는 크고 기다란 귀 때문에 노담[2]이라는 이름을 갖게 되었다.

1. 기원전 1046년에서 기원전 256년까지 중국을 지배하던 왕조.
2. 사마천의 《사기》에는 노자의 이름을 이이李耳라고도 하고, 노래자나 담儋이라고도 한다. 노자라는 인물의 기록은 이름부터 행적까지 확실한 것이 없다.

노담은 자라면서 남다른 총명을 드러냈다. 그는 망설임으로 주저하는 법이 없었고, 조바심에 안절부절못하는 일도 없었다. 사람들이 그의 온화하고 절제 있는 태도를 칭찬하면, 그는 이렇게 말하곤 했다.

"길道을 길이라고 말하면 그것은 길이 아닙니다."

"저 아이는 분명 용의 아들이 틀림없어." 마을 사람들이 말했다.

노담은 마을 사람들의 이야기를 들으며 미소 지었다.

"여러분의 생각에는 내가, 어두운 색의 몸을 활짝 펼쳐서 구름을 타고 다니는, 그런 위엄 있는 존재의 아들이란 말입니까? 여러분과 같은 사람들은 항상 과장되게 생각을 하지요. 하지만 땅의 겸손함은 하늘의 야심보다 더 오래 가며 변하지 않습니다.
나는 용이 어떤 혈통에서 나왔는지 모릅니다. 하지만 지식의 보고인《자비로운 가르침이 담긴 하늘의 보물》에서 동물들을 다음과 같이 나누고 있음을 알았습니다.

> 왕에게 속한 동물들
> 항아리 안에 잡아 둔 동물들
> 길들여진 동물들
> 젖먹이 돼지들
> 인어들
> 상상의 동물들
> 떠돌이 개들
> 미친 듯이 날뛰는 동물들
> 헤아릴 수 없이 많은 동물들
> 아주 가는 붓으로 그린 동물들
> 항아리를 깨트린 동물들
> 멀리서 보면 파리 떼와 비슷한 동물들

이 목록에는 용이 없습니다. 그뿐만이 아닙니다. 사물에 질서를 강요하려는 것은 얼마나 헛된 일입니까! 어떤 사람들은 이와 같은 분류가 충분하지 않다고 생각할 것입니다. 사실 그 같은 분류는 지금 우리가 보기에도 참으로 현명한데 말입니다."

이제 사람들은 노담을 노자老子라고 부르기 시작했다. 그 이름에는 '지혜로운 노인'이라는 뜻이 숨어 있었다.

노자는 세상에 무궁무진하게 많은 책을 읽고 그 뜻을 알
아내는 것을 좋아했다. 그는 논을 따라 산책하다가 은행
나무와 하얀 뽕나무에 둘러싸인 바위 그늘에 머물렀고,
푸르스름한 경사지와 깎아지른 비탈 위에 서 있다가 이
따금 북쪽의 언덕에 다다르곤 했다. 눈으로 덮인 산봉우
리는 세상에 살고 있는 수많은 사람들 가운데 하나일 뿐
인 자신의 무가치함을 일깨워 주었다.

일상의 사소한 일들도 끊임없이 노자를 감탄하게 만들었다. 그는 밭을 갈고 있는 농부를 지켜보며 생각에 잠겼다.

"서른 개의 막대기가 쟁기 중심을 받치고 있지만, 쟁기가 제 역할을 다하는 것은 그 막대기들 사이에 있는 빈틈 덕분이다. 항아리도 중요한 것은 내부의 공백이다. 문과 창문을 내지 않고 어떻게 집을 지을 수 있단 말인가? 이렇듯 만물의 존재는 가득 차 있음에서 나왔지만 그 쓰임은 공백으로부터 이루어진다."

그의 친구들은 노자의 성찰이 마음에 들었다. 많은 사람들이 그의 생각을 진정으로 이해하지는 못했지만 마음속에 되새겼다. 왜냐하면 그의 생각은 조상들의 가르침을 뒤흔들어 놓았기 때문이었다. 열광적인 젊은이들은 마치 산에서 솟아나는 샘물처럼 끊임없이 노자에 관해 이야기하며 흥분을 감추지 못했다.

주나라의 주평왕[3]은 제국의 근대화에 착수하여 허난성 서부에 있는 낙읍(뤄양)으로 도읍지를 옮기고 관청과 관리를 늘렸다. 뤄양의 왕궁에서 노자는 문서를 보관하는 사관이자 점성가가 되었다. 그는 제자 몇 명과 함께 새로 만들어진 왕의 도서관에서 관리 일을 맡았다.

당시 왕국은 일곱 개의 지역으로 나뉘어 있었다. 주평왕은 동맹 관계를 맺은 제후들을 각 지역의 우두머리로 앉혔다. 그 제후들 중 누군가 죽게 되면 그가 다스리던 지역은 그의 아들들이 나누어 다스렸고 그다음에는 그 아들의 아들들이 서로 나누었다. 그래서 땅을 물려받은 지방 귀족들은 제국 안에서 모두 함께 살았다. 왕은 그들의 경쟁 관계를 이용하여 세력을 유지했다. 마치 벌레들이 조금씩 기둥을 갉아먹는 대들보 위에 위태롭게 기와를 얹은 모양새였다.

노자는 도서관 창문을 통해 무너지기 직전의 궁중에서 일어나는 음모를 지켜보았다. 이따금 그는 심각한 얼굴의 노인이 국화가 피어 있고 나비가 날아다니는 왕의 뜰을 거니는 것을 보곤 하였다.

3. 주평왕周平王은 주나라 13대 왕이며 동주의 초대 왕이다. 그는 기원전 771~720년에, 공자는 551~479년에 생존했다. 따라서 노자와 공자가 만났다면 노자가 섬긴 군주는 주평왕이 아닐 수도 있다.

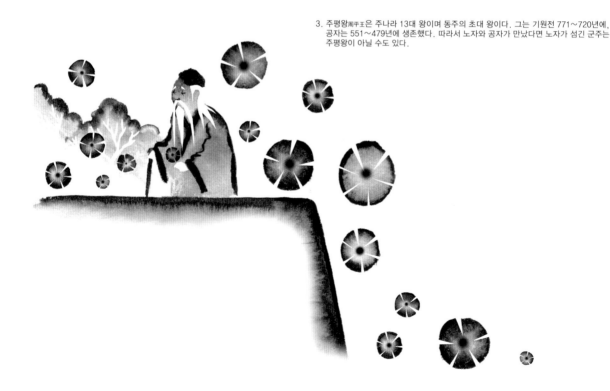

노자는 왕의 조언자인 덕망 높은 공자의 슬픔을 눈치 챘다. 또한 노자는 강한 힘을 가진 주평왕의 허약한 정신력을 알아챘다. 왕은 다른 사람들을 지배했지만 자기 자신은 다스리지 못했다. 그는 항상 조바심에 사로잡혀 어리석고 이따금 위험하기까지 한 결정을 내렸다.

"진정으로 강한 사람은 코뿔소와 호랑이하고도 맞설 수 있네." 노자가 말했다. "왜냐하면 그 사람은 자신의 욕구를 단념했고 그래서 죽음을 두려워하지 않기 때문이네. 하지만 끊임없는 근심에 지배당하는 사람은 무기력하다네."

주평왕은, 보글거리는 물속에서 천천히 풀리는 찻잎과는 달리, 조바심 때문에 결국 판단력을 잃을 것이었다.
찻잎은 햇볕에 말린 다음 때가 되어야만 물에 우려낸다. 무슨 일이든 적당한 때를 기다려야 하듯이 제후는 자신의 백성들을 변화시키고 그들에게 은혜를 베풀기 위한 적절한 때를 알아야 한다. 그러나 중국의 상황은 그렇지 못했다. 주평왕은 잘 흥분하면서도 무능한 사람이었다. 그의 제국은 맛볼 수 없는 맛있는 과일과 같았다.

어느 날 공자가 왕의 도서관을 찾았고, 노자가 그를 맞이하였다. 노자는 공자에게 그와 더불어 의논하고 싶은 책들을 정중하게 내보였다. 그러자 공자는 더할 나위 없이 친절하고 능란하게 《봄과 가을의 역사》를 해석하기 시작했다. 그는 죽은 왕들의 지혜와 백성들을 위한 도덕 교육의 필요성에 대해 이야기했다. 또한 그는 사람들에게서 인간 본성인 너그러움과 올바름을 끌어내고자 하는 희망을 털어놓았다. 잠자코 공자의 말을 듣고 있던 노자가 가볍게 고개를 숙이며 말했다.

"자비심과 경건한 마음은 자연 그대로의 행동이 아니라 사람들이 만들어 낸 것이네."

이번에는 공자가 고개를 숙였다.

"누가 규율 없이 법 없이, 새들과 들판의 짐승들과 더불어 살 수 있습니까? 누가, 중용의 조화로써 완전한 질서를 지키기를 원하지 않겠습니까?"

"만물의 질서는 그 같은 조화보다 앞서는 법이네. 물 한 그릇을 가지고 있는 사람은 그것을 단념한 사람만 못하지. 뾰족하게 만든 칼은 예리한 날을 지닐 수 없어. 금과 수정으로 가득 찬 방을 영원히 지킬 수는 없다네."

노자의 말을 들은 공자의 얼굴에는 환한 미소가 떠올랐다. 지금껏 어느 누구도 그렇게 말한 사람은 없었다.

"사람의 모든 행동이 다툼을 일으킨다면, 절대적인 무위無爲[4]에 만족해야만 하는 것입니까?" 공자가 물었다.

"하늘의 도道[5]는 단순한 무위가 아니라 적극적인 무위일세. 말하자면 만물의 순리에 따라 행동하는 것이네. 어떤 재료도 물보다 약하지 않지. 그럼에도 물은 길을 만들 수 있지 않은가. 물은 자기 일을 끝내고 나면 물러난다네. 도는 물과 같지." 노자가 대답했다.

"그럼 그와 같은 도에 이르는 길은 무엇입니까?" 공자가 물었다.

노자는 혼잣말을 하듯이 중얼거렸다.

"도를 도라고 말한다면 도가 아니지. 나는 도를 보여 줄 수 없고, 자네는 도를 따라갈 수 없네."

---

4. 아무것도 하지 않음.
5. 노자의 사상에 따르면, 도는 변하거나 사라지지 않으며 우주 만물이 이루어지는 근본적인 이치이다. 우주 만물은 도의 외형에 불과하고 사람이 도에 이르려면 자연의 법칙에 따라 살아야 한다.

그 말은 공자의 마음을 온통 뒤흔들어 놓았다. 한 달 동안 그는 단 한 마디도 꺼내지 않았다. 그가 그토록 좋아하던 음악조차도 그의 마음을 달래지 못했다. 노자가 그에게 암시했던 것처럼 애초부터 인간의 본성에 올바름이란 존재하지 않는 것일까? 형제애, 윗사람에 대한 존경, 그리고 정직도 만물의 질서를 바로잡아 주지 못하는 것인가?

그사이 제국은 자칫하면 무너져 내리기 일보 직전의 상황이었다. 노자는 사람들이 사물의 외형을 감추는 데 이용한, 제멋대로 붙인 이름과는 거리가 먼 진정한 도의 길을 찾아 떠나기로 결심했다.

주평왕은 노자가 높은 관직을 마다하고 빈곤한 떠돌이의 삶을 선택한 것에 깜짝 놀랐다.

"오, 충성스러운 신하여, 나는 그대에게 은혜를 베풀었다. 그대가 더 원하는 것이 무엇인가?"

노자는 머리를 숙이며 말했다.

"우리는 우리 자신에 대해 지나칠 정도로 애정을 갖습니다. 또한 우리는 다른 사람들의 감탄에 우쭐해합니다. 어째서 명성과 힘 혹은 부를 찾는 것입니까? 사람들이 호랑이와 표범을 사냥하는 것은 그들의 아름다움 때문입니다. 원숭이는 자신이 가진 재주 때문에 붙잡힙니다. 개를 기르는 것은 소를 지키기 위해서입니다. 재산을 모으는 사람은 가까운 사람들과 불화를 일으키고 마음속에 근심을 키우게 됩니다. 세상 사람들 사이에 오가는 평판에 귀를 기울이는 사람은 명예를 잃을 수도 있습니다. 지위와 부는 사람을 자기 자신 속에 가두어 버립니다. 하지만 지혜는 자신의 한계를 떠나 우주의 도를 따라가며 무한한 것 속으로 다시 돌아갑니다."

도서관으로 다시 돌아온 노자는 제자들에게 자신의 생각을 알렸다. 그는 자신이 어디로 가는지 말하지 않았고 단지 서쪽으로 떠날 것이라는 말만 했다. 제자들은 스승이 자신들을 버리는 것이라 생각했다.

"스승님, 당신께서는 오래전부터 저희들에게 영원한 도를 따를 것을 가르치셨습니다. 도는 왕의 궁에서와 마찬가지로 서쪽에서도 같은 것이 아닙니까? 저희가 이토록 스승님을 따르는데, 스승님께서는 어째서 저희를 떠나려하십니까?"

노자가 대답했다.

"부모를 대함에 있어 존경하는 일이 가장 쉽고, 다음으로 사랑하는 일이 쉬우며, 그다음으로 부모를 잊는 일이 쉬운 법이네. 가장 어려운 일은 부모에 대해 걱정하는 마음을 잊는 일이지. 스승에 대해 선하고 충실하고자 하는 자네들의 노력은 자네들의 타고난 미덕을 위태롭게 만든다네. 최고의 신의信義를 지닌 사람들은 왕국의 모든 신의보다도 위에 있네. 최고의 재산을 지니고 있는 사람들은 모든 물질적 재물보다도 위에 있네. 최고의 열망을 지닌 사람들은 모든 명성과 열망보다도 위에 있네. 그래서 도는 변하지 않고 영원한 것이라네."

현자(노자)를 따라가고자 하는 제자들은 수없이 많았다. 하지만 노자는, 여우가 강을 건너면서 꼬리를 적시지 않듯이, 대단한 기지를 발휘하였다. 물소의 등에 올라탄 그는 한 걸음 한 걸음 나아가 숲 속으로 사라졌다. 그리고 만물이 새롭게 시작하는 초입에 다다랐다.

그다음 날, 아직 어두운 하늘 아래로 희끄무레한 새벽이 모습을 드러내기 시작했다. 사물의 형태는 아직 제 모습을 드러내지 않았다. 구름의 은빛 가장자리가 처음 드러난 빛 아래서 반짝거리더니 이내 사라져 버렸다. 밤의 소리들도 차츰 사라지기 시작했다. 궁궐의 무거운 짐을 내려놓은 노자는 무기력으로부터 온몸이 자유로워짐을 느꼈다. 자연은 불변하고 운명은 돌이킬 수 없는 법이다. 변화하는 계절처럼 말이다.

"자, 어서 가자!" 노자가 물소에게 말했다. "무엇도 도를 막지 못한다! 도에 통하면 모든 것이 가능하다! 도 없이는 무엇도 가능하지 않다!"

계절이 지남에 따라 노자는 광활한 제국의 변화하는 풍경을 마주했다. 그는 마치 처음으로 세상을 보는 것처럼 감탄했다. 사람이 낸 길을 따라 걷는 소와 말의 완벽한 아름다움은 놀라운 지혜가 만들어 낸 성과를 보여 주었다. 그들에게 있는 네 개의 발과 윤기 나는 털은 하늘에서 온 것이지만 그들의 목에 걸린 굴레와 코에 걸린 코뚜레는 사람에게서 온 것이다.[6] 사람들의 그런 행동은 만물의 타고난 이치를 거스르는 것이기 때문에 멸시받아 마땅하다.

6. 《장자》에서 인용한 것으로 보인다.

여러 해가 지났다. 수많은 제비들과 꾀꼬리들이 하늘과 땅 사이의 길에서 노자를 뒤따랐다.

어느 무더운 오후, 노자와 물소는 찌는 듯한 골짜기를 뒤로 하고 시원한 그늘을 찾아 바위투성이의 작은 길을 올라갔다. 위로 올라가자 어디에선가 먼 곳으로부터 작지만 위협적인 소리가 들려왔다. 노자는 말 울음소리와 큰소리로 명령하는 목소리를 들었고, 이어서 칼들이 부딪치는 날카로운 소리와 귀신이 우는 듯한, 휙 하고 화살 날아가는 소리를 들었다.

물소는 낭떠러지로 이어지는 좁은 길 위로 발을 딛기 전에 귀를 쫑긋 세우고 크고 검은 눈으로 주변을 살피는 것 같았다. 산 저편에서는 원숭이 한 마리가 두 군대가 서로 맞서 싸우는 모습을 지켜보고 있었다. 말발굽에 먼지가 휘몰아치더니 뚫고 들어갈 수 없는 투구를 쓴 병사들을 뒤덮었다. 거리 때문에 전투가 벌어지는 자세한 광경을 볼 수는 없었지만, 노자는 피가 섞인 금속 냄새로 그 상황을 실감했다. 무력으로 운명을 바꾸고자 하는 두 군주는 노자에게 커다란 슬픔을 불러일으켰다. 밤이 오기 전에 많은 사람들이 죽었다. 우주의 고요가 흐르는 가운데 조금도 중요하지 않은 이유 때문에 사람들이 죽은 것이다. 노자는 생각에 잠겼다.

"군대는 슬픔을 일으키는 도구이다. 삶을 존중하는 사람들이 보기에 군대는 보잘것없는 것이다. 생각이 살인에 익숙해진 사람은 이미 삶을 포기한 것이다."

오후 늦게, 하늘은 수심이 가득한 사람들 위로 어두운 구름을 드리웠다. 곧이어 폭풍우가 으르렁거리며 큰 울음을 터트렸다. 노자는 억수같이 쏟아지는 비로 휘청거리는, 잡목에 둘러싸인 작은 대나무 숲에 다다랐다. 폭풍우는 오래가지 못했다. 노자는 왕궁에서 고관들이 했던 무수한 말들을 떠올렸다. 큰비와 돌풍은 격렬했지만 오래가지 않았다. 하늘과 땅은 영원한데 말이다.

그렇다면, 도를 발견하기 위해서는 말을 앞세우지 않고 도를 따라야 할 것이다.

노자의 머리 위에 있는 나뭇가지에서 물방울이 하나둘씩 떨어졌다. 물소가 좋은 징조를 보여 주듯이 경쾌하게 앞으로 나아갔다.

밤이 되자 노자는 대나무로 둘러싸인 숲 속의 빈터에서 휴식을 취했다. 그는 땅에서 올라오는 신선한 냄새를 들이마시며 털이 보송보송한 물소의 옆구리에 기대어 몸을 웅크린 채 하늘을 올려다보았다. 심연에서 동면을 끝낸 뒤 봄에 승천하는 용처럼, 노자는 잠에 취해 사람의 발길이 닿지 않은 세계로 갔다.

뿌연 달이 동산을 비추었다. 노자는 비어 있는 것과 존재하는 것 사이를 떠다니다 꽃이 피어 있는 능선 위로 날아올랐다. 현자는 하늘에 올라 도를 알게 되었다고 생각했고, 눈을 뿌려 놓은 것 같은 구름 위를 걷기 시작했다. 그곳에서는 새들만이 날아다니고 있었다.

구름이 노자의 발아래서 이상할 만큼 부드러운 덩어리로 조금씩 뭉치기 시작했다. 그는 서쪽의 문에 이르렀다. 그곳은 더욱더 밝은 색채를 띠고 있었다.

소나무가 줄지어 서 있는 길은 높은 언덕을 향해 꼬불꼬불 이어져 있었다. 그 언덕을 지나 옛날 왕들의 군대가 수만리 먼 곳을 향해 떠나간 것이다. 노자는 그의 발아래서 춤추는 산봉우리를 밟고 바위 그늘 속으로 들어갔다. 한 노파가 하얀 버드나무 아래 풀숲에 앉아 있었다. 노파의 두 손에는 항아리 하나가 들려 있었다. 노자는 예의를 갖추어 오솔길이 어디로 이어지는지 물었다. 노파는 커다란 눈으로 그를 뚫어지게 쳐다보더니, 바람에 날리는 마른 나뭇잎처럼 바스락거리는 목소리로 대답했다.

"나는 강의 정령이다. 이 길은 어느 곳으로도 이어지지 않는다."

"이 강은 무엇이란 말인가?" 노자는 혼잣말을 했다.

"나는 이 강을 내 항아리 속에 가두어 두었다. 하지만 나는 언제라도 이 강을 다시 풀어놓을 수 있다. 이 강이 바로 도이다. 도를 따라가다 보면 너는 보다 우월한 덕德에 도달할 것이다. 도는 모든 사람들에게 유익한 물과 같고, 난폭한 힘을 쓰지 않고도 모든 것을 뚫는다." 강의 정령이 말했다.

43

봄가을이면 노자는 바람이 많이 부는 산봉우리 위에 난 길을 따라갔다. 어느 날 노자가 동굴 입구에 다다랐을 때 동굴 앞에는 황금빛 원숭이 한 마리가 망을 보고 있었다.

"오, 노자여, 나는 네가 오기를 오십 년 전부터 기다렸다. 내가 이 동굴 앞에서 얼마나 심심했을지 생각해 봐! 여기는 아무도 지나다니지 않아. 내가 마지막으로 말을 한 지가 이십 년은 되었지. 아마 고슴도치였을 거야."

그러더니 원숭이는 펄쩍 뛰어올라 어둠 속으로 사라졌다. 그리고 곧 다시 현자 옆에 나타났다. 마치 그에게 자기를 따라오라고 말하는 것 같았다.

동굴 속 깊이 들어가며, 원숭이는 친구가 생긴 것에 너무
기뻐 빙글빙글 돌다가 우화 하나를 들려주었다.

"우물 안 개구리에 대해 들어본 적 있어?"

개구리가 바다거북에게 말했지.

"나는 행복해. 나는 물 밖으로 나올 수도 있고 폴짝 뛸 수도 있어. 나는 밑바닥으로 다시 돌아가 구멍 속에서 쉴 수도 있지. 내가 물에 뛰어들면 내 몸은 물에 뜨고, 내 발목은 진흙 속까지 빠져들어! 나와 이웃인 애벌레, 모기, 게는 상상도 할 수 없는 일이지. 나는 우물물을 내 마음대로 쓸 수 있고 그 안에서 모든 즐거움을 누리고 있어. 이보다 더 좋을 수는 없지!"

그러자 거북이가 바다에 대해 자세히 설명해 주었어.

"천 리 거리를 가지고도 바다의 넓이를 잴 수 없고, 천 길 높이를 가지고도 바다의 깊이를 잴 수 없지. 홍수가 나도 가뭄이 들어도 바다의 물은 조금도 늘거나 줄지 않는단다. 사랑과 증오의 물결은 지나가 버리지만, 바다의 고요는 결코 고갈되지 않아."[7]

7. 원숭이가 들려주는 바다거북과 개구리의 우화는 《장자》에 등장한다.

"개구리의 반응을 생각해 봐! 사람의 지식은 한계가 있어. 우물 안 개구리의 행복처럼 너희들의 학설, 너희들의 능란한 말들도 아주 잠시 동안만 지속될 뿐이야."

노자와 황금빛 원숭이는 동굴의 널따란 미로 끝에서 지하 호수에 다다랐다. 앞에서 뛰어가던 원숭이가 손짓으로 어딘가를 가리켰다. 갑자기 호수 한가운데서 잔물결이 일더니 커다란 연꽃 봉오리가 시커먼 물 위로 솟아올랐다. 연꽃은 비단 같은 꽃잎을 하나씩 펼쳤다. 연꽃잎의 무지갯빛이 동굴의 벽면을 비추었다. 노자는 이렇게 아름다운 광경을 결코 본 적이 없었다.
그때 갑자기 꽃잎들이 시들거리더니 차례차례 지하 호수의 수면 위로 떨어지기 시작했다. 마지막 꽃잎이 사라지자 노자는 눈물을 흘렸고 눈물은 그의 콧수염 속으로 사라졌다. 하지만 곧바로 이전에 있던 연꽃보다 더욱더 빛나고 더욱더 섬세한 새로운 연꽃이 호수 한가운데 나타났다.

"친구여, 우리가 있는 신비로운 이 장소가 어딘지 내게 말해 다오." 노자가 원숭이에게 물었다.

원숭이는 그들만이 할 수 있는 장난기 어린 시선을 던지며 대답했다.

"내가 너에게 말하지 않았던가? 우리는 여기, 네 자신의 마음속에 들어와 있어. 꽃들은, 태어났다가 죽는 네 삶의 순간순간이야. 너 같은 사람들은 시간을 헤아릴 많은 방법들을 찾아냈지. 하지만 삶 자체는 연꽃으로 헤아리지 못한다는 걸 알아야 해."

노자는 이 아름다운 광경에 오랫동안 빠져 있었다. 옛 왕들의 도를 공부한 노자는 올바르고 선한 행동을 알았고, 다른 것과 같은 것을 구분했으며, 본성과 본성이 아닌 것을 분간하여 결국 가능한 것은 가능하지 않은 것임을 깨달았다. 하지만 이 모든 것은 외형일 뿐이었다. 그의 눈앞에는 본래의 모습으로 돌아온 존재가 있었다. 원숭이가 말했다.

"할 일이 끝났으면 물러나야 하는 법이야."

노자는 동굴을 나오면서 그를 기다리고 있던 원숭이의 그림자를 보았다고 생각했다. 하지만 그가 본 것은 황금빛 털이 아닌 누더기가 된 겉옷이었다. 얼굴 가득했던 짓궂은 장난기는 이제 주름진 얼굴 위에 근엄한 미소로 남아 있을 뿐이었다. 노자는 위엄 가득한 그의 모습에서 오래전 주평왕의 궁에서 가깝게 지냈던 덕망 높은 공자를 발견할 수 있었다. 공자는 머리 숙여 인사하며 말했다.

"제가 도를 찾아 나선 지 어언 오십여 년이 지났습니다. 하지만 그 비슷한 것도 찾지 못했습니다."

"존경하는 공자여, 자네가 어떤 방법으로 도를 찾았는지 말해 보시게." 노자가 물었다.

공자의 미소는 괴로운 표정으로 바뀌었다.

"저는 예법과 역사에서 도를 찾았습니다. 예술과 음악에서 도를 찾았습니다. 책에서 도를 찾았습니다. 셈법을 통해 가장 복잡한 계산을 했는데, 계산하는 일이 허사가 되자 음양陰陽[8]의 공부에 몰두했습니다."

"만일 인간이 우주에서 가장 하찮은 존재라면 어떻게 사람이 우주를 가늠한다고 주장할 수 있겠는가? 모든 학문을 버리고, 앎 그 자체를 포기하고, 비어 있음의 최고의 경지를 찾게. 근원으로 돌아가면 평화로울 것이네. 유유자적하는 것은 운명을 찾아낸다는 뜻이지. 운명을 찾아낸다면 자네는 변하지 않는 것을 알게 될 걸세. 그리고 변하지 않는 것을 알게 된다는 건 보편적인 것을 이해하게 된다는 뜻이지. 보편적인 것을 이해하게 되면 자네는 완전해질 수 있을 걸세. 완전하다는 것은 하늘의 세계에 이른다는 뜻이지. 하늘의 세계에 있는 자는 도와 하나가 될 수 있다네."

8. 우주 만물을 구성하는 상반되면서 상보적인 두 대립 요소를 말한다. 달과 해, 여자와 남자 등이 그 예이다.

공자는 탄식했다.

"오, 당신의 지혜는 용의 지혜와 같습니다."

"자네는 나에게 도를 알려달라고 했지." 노자가 말을 이었다. "하늘의 도와 사람의 도를 구분해야 하네. 하늘의 도는 적극적인 무위이고, 사람의 도는 강제하는 행동이지. 사람이 하늘의 도를 보고 깨달을 수는 없네. 왜냐하면 하늘의 도는 너무 멀리 있기 때문이지. 만약 도를 베풀 수 있었다면 저마다 도를 자신의 제후에게 바쳤을 것이네. 만약 도를 줄 수 있었다면 저마다 자신의 부모에게 도를 주었을 것이네. 만약 도를 전할 수 있었다면 저마다 자신의 자식들과 손자들에게 도를 전했을 것이네. 자네가 찾는 지식은 책에 있지 않다네. 왜냐하면 책은 다른 사람들이 쓴 것이고, 자네는 말일세, 하늘의 지식을 열망하기 때문이지. 책은 우리 조상들이 남겨 놓은 흔적일 뿐일세. 오, 공자여! 자네의 책들은 그저 흔적일 뿐이야. 신발이 발자국을 남긴다고 해서 그 발자국들이 신발은 아니지 않은가?"9

9. 《장자》에서 인용한 것으로 보인다.

노자는 주변에 있는 대나무와 바위, 그리고 새들을 가리켰다. 모든 것들이 시간에 저항하는 법 없이 결과를 향해 흘러가며 무르익고 있었다.

"변화는 모든 존재에게서 나타난다네. 하지만 만물이 왜 변하는지 누가 알겠나? 어떻게 모든 경우를 설명하겠는가? 시작은 어디에 있는가? 끝은 어디에 있는가?"

노자는 이렇게 묻더니 다시 중얼거렸다.

"침착하게 기다려 보세. 아직 방긋 웃을 줄도 모르는 막 태어난 아이처럼 꼼짝도 하지 않고 말일세."

공자는 한참을 곰곰 생각하더니 이렇게 말했다.

"새들은 알을 품고, 물고기들은 산란하며, 나비들은 일생 동안 그 모습이 변합니다. 인간은 더 이상 이러한 변화를 겪지 않습니다. 변화하지 않는 사람이 어떻게 다른 사람을 변화시킬 수 있겠습니까?"

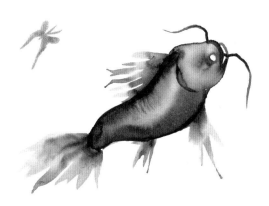

공자는 동굴 입구에 남아서 일 년 내내 익힌 음식을 먹지 않았다. 그는 왼손에 쥔 마른 나무토막을 막대기로 두드리며 오래전에 잊힌 곡조를 악보도 가락도 없이 흥얼거렸다. 어느 날 동굴 앞을 지나던 한 농부가 그 광경을 보고 무슨 일이냐고 물었다.

"비단옷은 이렇듯 누더기가 되었소. 하늘의 시험을 피하는 것은 쉽지만 사람의 호의를 거절하는 것은 어렵소. 모든 시작은 또한 끝이오. 사람과 하늘은 하나요."

공자의 말에 농부는 미친 사람을 만났다고 생각하며 머리를 긁적였다.

"아무것도 이해하지 못하는 것은 모든 것을 이해하는 것이다." 공자는 한숨지으며 말했다.

해질 무렵 마지막 햇빛이 메마른 들판을 희미하게 비추었다. 관윤이란 이름의 국경 경비병은 들판을 내려다보고 있었다. 온종일 지루했다. 중원의 왕국의 끝자락에 있는 이 지역까지 위험을 무릅쓰고 올 여행자들은 없었다. 관윤은 눈을 가늘게 치켜뜨고 물소를 타고 오는 사람을 바라보았다. 그는 작은 먼지 구름을 일으키며 관윤에게 다가왔다.

"노인께서는 천자의 보호를 벗어나려 하고 있소. 그렇게 당신 조상들의 땅을 버리고 어디로 가시오?"

"내 제자들을 피하기 위해서라네. 그들은 온종일 나무 그늘 아래에서 갑론을박하며 서로 다투고 있다네." 여행자가 미소를 지으며 말했다.

관윤은 자기 귀를 의심했다. 이 여행자가 오십 년도 더 전에 사라졌던 전설적인 노자란 말인가? 그는 떨리는 목소리로 물었다.

"선생님, 그렇다면 당신은 떠나려는 것이고, 세상 사람들은 영원히 당신의 지혜를 얻지 못한다는 말씀이십니까?"

"이 사막을 보게나." 노자가 중얼거리며 말했다. "끊임없이 움직이는 이 모래 언덕을 보게. 이 사막과 모래 언덕 이상으로 자네를 가르칠 수 있는 현자가 세상에 있겠나?"

"존경하는 선생님, 저는 군주의 보잘것없는 백성일 따름입니다. 저는 시를 짓거나 영양을 사냥하면서 시간을 보냅니다." 관윤은 엎드려 절하며 말했다. "그렇지만 제 마음은 아름다움에 쉽게 빠져듭니다. 물론, 저는 선생님께 어떤 호의도 청할 수 없습니다. 하지만 당신의 말씀은 제 마음 깊은 곳을 밝혀 줄 수 있을 것입니다. 당신이 떠난 후에도 그 말씀을 깊이 새기겠습니다."

노자는 잠시 생각에 잠겼다. 그러고는 물소에서 내리지 않은 채 자신의 생각을 써 주기로 했다. 그의 생각은 《도덕경道德經》이라는 제목의 책이 되었고, 그 책에는 '만물의 도와 본질에 관한 규범'이 담겨 있었다. 글을 다 쓰는 데는 한 시간이 채 걸리지 않았다.

노자는 글이 적힌 두루마리를 관윤에게 주었고, 기쁨에 들뜬 관윤은 두루마리를 받아 들었다.

"선생님, 이제 제가 당신 앞에서 이 글을 읽어 봐도 되겠습니까. 당신의 뜻을 한 마디도 놓치지 않기 위해서 말입니다. 왜냐하면 선생님의 글은 너무 어렵기 때문입니다."

"그렇게 하게. 크고 분명한 목소리로 읽어 보게나."

국경 경비병은 처음에는 실수를 할지도 모른다는 두려움
에 잠시 주저하다가 글을 읽어 내려가기 시작했다. 그는
두루마리 전체를 다 읽었는데, 아마도 그가 읽은 내용은
상당히 어려웠을 것이다. 왜냐하면 무수히 많은 학자들이
그 글에 대해 논쟁을 벌였고 아직도 논쟁을 벌이는 중이
기 때문이다. 국경 경비병인 관윤이 주저 없이 읽어 나가
는 동안 노자는 주의 깊게 들었고, 분명 자신이 쓴 글에
흡족해했다.

시공을 초월한 철학자 노자를 말하다 _ I

노자老子는 중국의 철학자로 우주 만물의 이치에 대해 생각한 그의 사상은 훗날 도교의 탄생으로 이어진다. 그는 만물의 영원한 원리 혹은 진리에 '도道'라는 이름을 붙였다. 특히 노자는 도를 천지 만물을 만들어 내고 우주를 지배하는 원리로 생각했다. 기원전에 태어난 노자가 우주의 근본 원리와 만물의 이치에 대해 생각했다는 사실에 놀라움을 금할 수 없다.

과 서로 생각을 주고받는 대목이 빈번하게 나오고 있다. 하지만 노자라는 인물이 어떤 특정한 시대의 철학자라는 것과 그가 공자와 만나 철학적 영향을 끼쳤다는 것은 어디까지나 후대의 추측일 따름이다.

사실 노자의 철학에는 그의 출생과 생애 못지않게 여백이 많다. 말하자면 노자는 다른 사람들에게 자신의 생각을 말하거나 깨달음을 줄 때 많은 설명을 하거나 꾸짖거나 강요하는 법이 없었던 것이다. 그는 그저 자연의 이치

사실 노자의 일생에 대해서는 분명한 기록이 없다. 그렇기 때문에 그의 출생에 관해서도 혜성의 출현과 더불어 한 여인이 자두 씨를 삼키고 임신을 했다는 신비로운 이야기가 전해진다. 역사 기록에서는 노자로 추정되는 인물 중 초나라 시대의 이이李耳라는 사람이 공자에게 예를 가르쳤다고도 전해지는데, 이 책에서도 노자와 공자의 만남

를 알려 주거나 때로는 선문답을 통해 상대로 하여금 스스로 깨닫고 답을 찾게 만든다. 어찌 보면 그는 자신에게 진리인 것이 다른 사람에게도 진리가 되는 것은 아님을 잘 알고 있었던 것 같다. 이처럼 그의 사상은 비유와 상징이 풍부한 우화적 성격을 지니고 있고 상대로 하여금 스스로 문제를 풀어 나가도록 만드는 까닭에 여러 상황에

서 다양한 해석이 가능하다. 그의 철학 사상과 정신세계는 논리적인 설명을 넘어서는 경우가 빈번하다. 그런 이유에서 우리는 그가 남긴 글을 읽을 때보다 건초를 드리운 막대기를 들고 물소 등 위에 앉은 그가 길을 떠나는 유명한 그림을 보면서 더 많은 생각을 하는 것일지도 모른다.

이 책에서는 우리가 일상에서 미처 생각하지 못했던 일들, 당연한 것으로 믿고 있었지만 사실은 진리가 아닐 수도 있는 것들, 자신도 모르게 저지르고 있는 어리석은 일

안 개구리의 비유를 통해 우리가 알고 있는 지식의 한계를 지적한 대목도 대단히 흥미롭다.

신화나 우화의 장점은 어린아이부터 어른에 이르기까지 저마다의 눈높이로 다양한 독서를 할 수 있고, 시대와 장소에 구애 없이 다양한 해석이 가능하다는 데 있다. 노자의 사상이 바로 그러하다. 노자의 사상은 체계적이고 완전하게 기록되어 있지 않으며 천 년 이상의 시간이 흐른 만큼 오래 되었다. 그럼에도 그의 가르침이 오늘날까지

등이 우화 혹은 이야기 형식으로 흥미롭게 등장한다. 예를 들어 노자는 부모를 존경하는 일이 오히려 가장 쉽고 부모를 생각하지 않는 일이 가장 어렵다는 역설적인 이야기를 들려준다. 또한 그는 우주에서 티끌에 불과한 사람들이 힘으로 운명을 바꾸겠다고 서로 죽고 죽이는 싸움을 벌이는 어리석음에 대해서도 지적하고 있다. 우물

새롭게 들리는 이유는 그가 다양한 울림이 있는, 이해하기 쉬운 우화로써 사람들로 하여금 스스로 깨달음을 얻을 수 있도록 했기 때문일 것이다.

옮긴이 박아르마

자연과 생명의 힘을 믿은 사상가 노자를 말하다 _Ⅱ

우리가 중국의 철학자라고 배운 노자라는 인물의 생애와 행적은 불분명합니다. 그러나 일반적으로 공자와 동시대인 춘추 시대 말기(기원전 5세기 전후)의 인물로 보고 있습니다. 주周나라가 쇠약해지자 주나라가 봉한 제후국들이 각자 독립 국가를 선언함으로써 많은 국가들이 생겨났는데, 우리는 이 시대를 '춘추 전국 시대'라고 부릅니다. 노자가 살았던 춘추 전국 시대에는 많은 사상가들이 배출되었습니다. 유가를 대표하는 공자, 맹자, 순자, 도가道家를 대표하는 노자와 장자, 법에 의한 통치 사회를 주장한 한비자, 모든 사람을 널리 사랑하자는 뜻의 겸애兼愛를 강조한 묵자 등 당시 수많은 사상가들의 사상 중에서도 유가와 도가는 가장 대표적인 사상으로 손꼽힙니다. 유가와 도가는 중국뿐만 아니라 한국과 일본에서도 매우 중요한 사상이었습니다. 유가의 시조를 공자라고 한다면, 도가의 시조는 바로 노자입니다.

중국의 주나라는 예禮를 국가의 사회 질서를 유지하는 기반으로 삼았습니다. 그러므로 부모님께 순종하고 어른을 공경해야 했으며, 행동 하나하나가 예의와 법도에 맞아야 했습니다. 장례는 엄격히 치러졌고 제사의 절차도 무척이나 까다로웠습니다. 그런데 예를 지나치게 중요시하게 되면 형식주의에 빠져들기 쉽습니다. 공자는 이러한 형식적인 예를 비판하고 인仁을 강조했는데 여기서 인은 '타인을 사랑하는 일'을 의미합니다. 공자는 이처럼 인을 강조했지만 예 또한 중요시하였습니다. 공자가 인을 강조한 까닭도 예가 형식에 빠져서는 안 되며 인이라고 하는 자애로운 마음에서 우러나와야 한다고 보았기 때문입니다. 그러나 공자와는 달리 노자는 예를 철저히 비판하였습니다. 예란 내면의 본심과는 관계없는 형식적인 것에 불과하다고 보았기 때문입니다. 예를 들면 우리는 상대가 비록 어른이라고 하더라도 우리에게 부당한 행위를 하면 화가 날 것입니다. 그러나 당시 사회에서는 아무리 화가 나더라도 윗사람에게 큰소리로 말대꾸하거나 항의할 수 없었습니다. 왜냐하면 예의에 어긋나는 행동이기 때문입니다. 예는 시대를 막론하고 필요한 것이지만 지나치게 강조되면 가식이 될 수 있습니다. 노자는 이러한 형식적인 예를 비판하고 인간의 자연적인 본성을 중요시하였습니다.

인간의 본성을 중시한 노자는 더 나아가 '무위자연無爲自然'을 강조하였습니다. '무위'란 인위人爲적인 행동이 아닌 자연스러운 행동을 말하며, '자연'이란 자연히 그러한 것을 말합니다. 우리는 가끔 바위 틈새로 자라나는 풀을 볼 수 있습니다. 연약한 풀이 어떻게 바위틈에서 자라날 수 있었을까요? 그것은 자연히 그리되었기 때문입니다. 그런데 우리 인간은 자연 본성에 어긋나는 행동을 자주 합니다. 가령 말에 굴레를 씌우고 고삐를 매며 소의 코청을 뚫고 코뚜레를 꿰ㅂ니다. 이런 일들이 과연 자연스러운 것일까요? 아닙니다. 이것은 바로 인위입니다. 노자는 무엇보다 생명의 긍정적인 힘을 신뢰했습니다. 그러므로 생명은 특별히 간섭하지 않아도 자연스럽게 잘 자라난다고 보았던 것입니다.

노자는 교육에 있어서도 무위자연을 강조했습니다. 묵묵히 사랑으로만 감쌀 뿐 어떠한 행위를 강요하지 않음이 '무위'이며, 아이들 스스로 배우고 성장하도록 놔두는 것이 '자연'입니다. 물론 노자의 이러한 교육 방식에 대해 비판하는 사람들도 있습니다. 그들은 아이들을 방치하면 나쁜 길에 빠져들기 쉽다고 믿으므로 아이들의 행동을 통제해야 한다고 주장합니다. 그렇다면 어째서 노자는 일일이 간섭하는 것이 옳지 않다고 주장한 반면 어떤 이들은 간섭하는 것이 옳다고 주장하는 것일까요?

어떠한 규율이나 강요 없이도 자발적으로 질서를 유지하는 것을 '자율'이라고 하며, 어떠한 규율이나 강요에 의해 질서를 유지하는 것을 '타율'이라고 합니다. 사람의 본성을 긍정적으로 보는 사람들은 아이들이 스스로 질서를 유지할 수 있다고 믿으므로 자율을 강조합니다. 반면에 사람의 본성을 부정적으로 보는 사람들은 아이들 스스로가 질서를 유지할 수 없으며 질서를 유지하기 위해서는 외부의 강압이 필요하다고 믿으므로 타율을 강조합니다. 노자는 생명의 긍정적인 힘을 믿었고 인간의 본성을 선하다고 보았으므로 특별한 간섭이나 강요가 없이도 아이들은 훌륭하게 잘 자랄 수 있다고 생각했던 것입니다.

노자는 가치의 상대성을 주장하였습니다. 우리 주변을 둘러보면 많은 사람들이 늘 서로 다툽니다. 사람들이 다투는 이유는 서로가 자신의 생각만이 옳다고 믿기 때문입니다. 가령 부모가 자녀에게 강요하는 까닭은 자신만의 생각이 옳다고 믿기 때문이며, 자녀가 부모에게 반항하는 이유 또한 자신만의 생각이 옳다고 믿고 있기 때문입니다. 그렇다면 누구의 생각이 옳고 누구의 생각이 틀린 것일까요? 노자는 선과 악, 아름다움과 추함이란 궁극적으로 상대적인 것에 지나지 않는다고 보았습니다. 즉 옳고

그름, 아름다움과 추함이란 사람마다의 주관적인 가치관에 의거한다고 본 것입니다. 서로가 다투는 것도 자신의 옳음만을 주장하고 타인의 옳음에 대해서는 귀를 기울이지 않았기 때문입니다. 어떻게 하면 서로 다투지 않고 조화를 이룰 수 있을까요?

노자는 마음을 비워야 한다고 말합니다. 즉 자신의 생각만을 강요하기보다는 타인의 생각을 받아들일 줄 아는 태도가 필요하며, 그러기 위해서는 자신의 마음을 비워야 한다는 것입니다. 겸허하게 자신을 비우고 남의 생각을 받아들이는 일은 결코 지는 것이 아니며 오히려 이기는 길입니다.

바다는 세상에서 가장 큰 물입니다. 바다는 어떻게 해서 가장 큰 물이 될 수 있었을까요? 노자는 그 이유에 대해 바다가 가장 낮은 곳에 있기 때문이라고 설명합니다. 낮은 곳에 있음으로 해서 때로는 더러운 흙탕물도 뒤섞여 들어오지만 이것을 묵묵히 받아들였기 때문에 세상에서 가장 큰 물이 될 수 있었던 것입니다.

노자는 또한 경직된 사고가 아닌 유연한 사고를 강조했습니다. 바람에 거세게 맞서는 나무는 세찬 바람이 불면 부러지기도 하지만 유연한 풀은 아무리 세찬 바람이 불

어도 결코 부러지는 법이 없습니다. 또한 유연한 물은 지속적으로 흘러가 바다에 도달합니다. 즉 나무가 있으면 나무를 비켜 나가고 바위가 있으면 바위를 비켜 나갑니다. 이처럼 물은 세상의 문제에 유연하게 대처하기 때문에 지속적으로 흐를 수 있습니다. 그러나 물이 정말로 훌륭한 것은 자신만 살기 위해 노력함에 있는 것이 아니라, 동물이나 식물에게 자신을 아낌없이 제공함으로써 모든 생명체들과 함께 살아가고자 함에 있습니다. 노자가 물을 자주 칭찬한 까닭도 물이 이처럼 자신 앞에 놓여 있는 시련을 유연하게 대처하는 강한 힘을 가지고 있으면서도 모든 것들에 혜택을 주는 상생相生의 미덕을 갖추고 있기 때문입니다.

노자의 사상을 더욱 계승 발전시킨 인물이 바로 장자(성은 장莊이고 이름은 주周)입니다. 장자는 '우물 안의 개구리', '나비의 꿈(호접몽)', '학의 다리가 길다고 자르지 마라'와 같은 많은 격언과 우화를 남겼습니다. 노자가 형식과 속박에 얽매이지 않는 자연 본성을 강조했다면, 장자는 좁은 세계의 속박으로부터 벗어나 드넓은 세계를 자유롭게 노닐 것을 강조했습니다. 대붕大鵬이 되어 단번에 구만 리의 창공을 날아간다는 이야기, 거북이가 우물 안에 갇힌 개구리에게 무한히 큰 바다에 관해 들려줌으로써 큰 세계로 나아갈 것을 이야기한 우화 등이 바로 그 예입니다.

서양에서는 동양의 바이블이라 칭해지는 《논어》보다도 《도덕경》의 인기가 훨씬 높다고 합니다. 이러한 인기에 힘입어 이미 수십 종의 번역서들이 출간되어 서양의 많은 독자들에게 널리 읽혀지고 있습니다. 서양의 많은 사람들이 이처럼 노자의 사상에 관심을 갖는 이유는 노자가 서양과는 전혀 다른 사유의 길을 제시하고 있기 때문입니다. 서양에서는 세계가 물리적인 기하학적 질서로 이루어져 있다고 보았으며, 생명체조차도 일종의 복잡한 기계로 간주하였습니다. 반면에 노자는 세계가 기하학적 질서로 규정할 수 없는 변화 가운데 있으며, 생명은 이 변화 속에서 역동적이고 능동적으로 활동한다고 보았습니다. 노자의 이러한 사상은 세계를 기계적, 물리적, 수학적, 계량적으로 파악하려는 현대의 학문에 커다란 파문을 일으키기에 충분했습니다.

철학자 김경수

도道를 말하게 되면 참다운 도가 아니며, 이름名을 규정지으면 참다운 이름이 아니다. 《도덕경》 1장.

道可道, 非常道也, 名可名, 非常名也.
도가도, 비상도야, 명가명, 비상명야.

<u>풀이</u> 서양의 학문에서는 개념의 명확성을 중요시하였다. 이와는 달리 노자는 자신의 가장 핵심적인 개념인 도에 대해 말할 수 없다고 한 동시에, 이름이란 것도 규정할 수 없다고 말한다. 어째서인가?

개념의 명확성을 위해서는 변화하는 상황과 관계없이 고립적으로 있어야 한다. 왜냐하면 개념이 변화와 상황에 따라 수시로 바뀌면 명확성을 얻을 수 없기 때문이다. 그런데 노자는 역동적인 변화와 관계를 중요시하였으므로 개념이란 것도 변화와 관계에 의해 그 의미가 달라질 수밖에 없다고 보았다. 따라서 도를 무엇이라고 규정할 수 없다고 말한 것이다.

세상 사람들은 모두 아름다운 것이 아름다운 줄로만 알고 있지만 이것은 추한 것일 따름이며, 선한 것이 선한 줄로만 알고 있지만 이것은 선하지 않은 것일 따름이다. 《도덕경》 1장.

天下, 皆知美之爲美, 斯惡已, 皆知善之爲善, 斯不善已.
천하, 개지미지위미, 사오이, 개지선지위선, 사불선이.

<u>풀이</u> 서양에서는 아름다움은 반드시 아름다움이어야 하며 아름다움이 추함과 같다고 하면 논리적 모순이 된다. 그런데 노자는 아름다움이 오히려 추함이며, 선함이 오히려 선하지 않음이라고 말한다. 그 이유는 아름다움이란 본래부터 존재하는 것이 아니라 추함이 있음으로 해서 생겨난 것이며, 선함도 본래부터 존재하는 것이 아니라 선하지 않음이 있음으로 해서 생겨난 것이라고 보았기 때문이다. 따라서 모든 가치는 절대적 기준에 의해 생겨난 것이 아니라 단지 상대적 가치에 의해서 생겨난 것일 따름이라고 말한다.

옮긴이 박아르마

서울대학교 대학원에서 프랑스 현대문학을 전공하여 박사 학위를 받았다. 지금은 건양대학교에 재직하면서 글쓰기와 토론 강의를 하고 있다. 지은 책으로《글쓰기란 무엇인가》,《투르니에 소설의 사실과 신화》가 있고, 번역한 책으로《살로메》,《춤추는 휠체어》,《까미유의 동물 블로그》,《에드몽 아부의 오리엔트 특급》,《축구화를 신은 소크라테스》, 그리고 철학그리다 시리즈 1권 소크라테스 편《죽음, 그 평화롭고 아름다운 영혼의 여행》, 2권 칸트 편《칸트 교수의 정신없는 하루》, 4권 데카르트 편《데카르트의 사악한 정령》 등이 있다.

해제 김경수

성균관대학교에서 동양철학을 전공하고 중국 산동사범대학에서 교수로 재직했다. 현재 성균관대학교에 재직하면서 동양철학 강의를 하고 있다. 저서로는《서양철학, 도가에게 길을 묻다》,《노자 생명 사상의 현대적 담론》《노자역주》(대한민국학술원우수도서),《출토문헌을 통해서 본 중국 고대 사상》(대한민국학술원우수도서) 등이 있으며, 그 외에도 공저인《도덕지귀》(대한민국학술원우수도서)와 다수의 논문이 있다.

노자 혹은 용의 길 道
"노자"
LAO-TZU

초판 1쇄 발행 2014년 1월 27일

지은이 미리암 헹케
그린이 제롬 메이에르-비슈
옮긴이 박아르마
펴낸이 양소연

기획편집 함소연 디자인 하주연 이지선
마케팅 이광택 관리 유승호 김성은 인터넷사업부 백윤경 이정돈 최지은

펴낸곳 등록번호 제25100-2001-000043호 등록일자 2001년 11월 14일

주소 서울 금천구 디지털로 9길 68, 1105호(가산동, 대륭포스트타워 5차)
대표전화 1688-4604 팩스 02-2624-4240 홈페이지 www.cobook.co.kr
ISBN 978-89-97680-05-4(04100)
     978-89-97680-00-9(set)

• 잘못된 책은 구입하신 서점에서 교환해 드립니다.
• 이 책에 실린 모든 내용, 디자인, 편집 구성의 저작권은 함께읽는책에 있습니다.
• 허락없이 복제하거나, 다른 매체로 옮겨 실을 수 없습니다.

함께읽는책은 도서출판 나눔의집 의 임프린트입니다.